子どもの喜ぶ遊び・ゲームシリーズ⑤
山崎治美の楽しいリズムゲーム集

山崎治美著

黎明書房

はじめに

「あんたがたどこさ　ひごさ　ひごどこさ　くまもとさ　くまもとどこさ　せんばさ……」

これは，日本の代表的なわらべうた「あんたがたどこさ」のはじめの部分です。私の大好きなわらべうたのひとつです。私はこのうたによって，多くの方々と出会うことができました。

先生方対象の研修会や，幼稚園，保育園，子育て支援センター，児童館，小学校などでの親子のつどい，中高年の方対象の講座などの参加者は，年齢もさまざま，出身地もさまざま，育った環境もさまざまです。でも"あんたがたどこさ"を歌いましょう」と語りかけると，子どもから大人までがすーっと「あんたがたどこさ……」と合唱されるのには，いつも驚きと感動を覚えます。

「そういえば，子どもの頃，女の子はスカートのすそをパンツのすそに巻き込んだ即席のブルマ姿で，まりつき遊びをしましたね。まりをおでこでついたり，両足のトンネルにくぐらせたり，背中で受けたり……」と参加者に話すと，みるみるうちに大人の顔がほころんで，子どものようにあどけなくなるのです。だれにも思い出があり，故郷があるのだなと心が温かくなります。

また，「あんたがたどこさ」の「さ」のところで顔を左右や上下に動かしたりする，まりがなくてもだれもが楽しめる遊びを編み出して，韓国での幼稚園の先生方の研修会で歌いながら紹介したところ，和やかな笑いが会場全体に広がりました。うた遊びが国境を越え，架け橋となって，いまだに忘れることのできない国際親善になったのです。

歌いながら手をとり合ったり触れ合ったりすれば，心も体も緊張から解放され，生き生きと活気づいて，感動や感激，喜び，やさしさ，穏やかさ，温もり，活力，意欲などが育まれます。そして今までとは違った自分を発見し，その自分を受け入れることができて，生きる喜びや楽しさを実感するのです。

さあ，だれとでも向かい合って歌いましょう。うたは「遊ぶ力」を育てます。そして簡単なうたであるほど，遊びが生き生きします。うたが体を揺さぶり，うたと体がひとつになって，楽しいリズムゲームが生まれるのです。

　子どもだけでなく，大人もいつの間にか童心にかえり，子どものような感性がよみがえって，元気がわき上がってきます。家庭や保育現場，学校などで，うたを口ずさみながら楽しく遊んでいただけるように，詳しい図解を加えて紹介してあります。

　ここに収録したうたや遊びは「この通りでなくてはダメ」というものではありません。遊んでいる中で変わっていってこそ，生きたうたになり，生きた遊びになるのです。そのようなおおらかな気持ちで気軽に楽しんでいただけたら幸いです。

　同じうたでできる色々な遊び方をご紹介したものもありますので，十二分に遊び込んで，創意工夫して遊ぶおもしろさと楽しさを子どもたちと分かち合ってください。それによって子どもたちが知恵の豊かな人に成長することを願うとともに，私たち大人も絶えずリフレッシュして，創造性溢れる人でありたいと思います。

　本書は，先に出版し，大変好評だった「保育実践シリーズ」第7巻『つどいと仲間づくりのリズムゲーム集』の内容を精選したもので，この機会に書名を改めさせていただきました。遊戯研究家の三宅邦夫先生のお導きと，黎明書房の武馬久仁裕社長と編集部の吉川雅子さんのお力添えで出版できましたことを，心より御礼申し上げます。

　2009年11月1日

山　崎　治　美

記録欄の使い方

月日	場所	人数	参加者名	観　察	課　題

記録の活かし方

観察：

　生き生きと意欲的に喜んで参加しているかどうか，みんなと協調して楽しく参加しているかどうか，約束を守ろうとしているかどうか，リーダーシップをとっているかどうか，今後も継続して遊ぼうという気持ち，意気ごみがあるかどうかなどを，個人または全体の観察を通して書きとめておくとよいでしょう。

課題：

　今後，先生またはリーダーとして，観察を通してどのような助言，補助，指導計画をしたらよいか，反省，抱負などを書きとめておくとよいでしょう。

も く じ

  はじめに   …… 1
  記録欄の使い方   …… 3

Ⅰ　グー・チョキ・パーで　かたつむり ——— 7

♪グー・チョキ・パー
  1　いろいろジャンケン(ジャンケン遊び)   …… 8
  2　勝ちっこ，負けっこジャンケン(ジャンケン遊び)   …… 10

♪かれいをやいて
  1　かれいはいくつ(手のひら遊び)   …… 12
  2　おまめはいくつ(指で数遊び)   …… 14
  3　ビフテキやいて(ことば遊び)   …… 17

♪かたつむり
  1　かたつむりと葉っぱ(手遊び)   …… 18
  2　かたつむりさん，整列！(全身遊び)   …… 20

  コラム　「向き合って歌えばこぼれるほほえみ」   …… 22

Ⅱ　あんたがたどこさで　手をたたこ ——— 23

♪あんたがたどこさ
  1　できるかな？　さわること   …… 24
  2　できるかな？　この体操   …… 26
  3　できるかな？　手たたき   …… 28
  4　なん人勝つかな？(ジャンケン遊び)   …… 30

もくじ

  5　猟師とたぬき(鬼ごっこ遊び) …… 32
♬加藤清正
  馬遊び …… 34
♬ふたあけて
  1　おしりでボン(バランスくずし遊び) …… 38
  2　間違えないでドッキング(バランスくずし遊び＋α) …… 40
♬チョーチチョーチ
  ヨイショでしりずもう(バランスくずし遊び) …… 42

  コラム 「歌って子どもとスキンシップ」 …… 44

Ⅲ　どんぐりころころで あ・そ・ぼ ——— 45

♬どんぐりころころ
  1　どっちになりたいの(役割選択遊び) …… 46
  2　両手ゲンコツ・同じっこ …… 48
  3　両手ゲンコツ・違いっこ …… 50
♬おはなとちょうちょ
  2つの区別ができるかな …… 52
♬おかごぎしぎし
  1　りんごは極楽，みかんは地獄 …… 54
  2　かごからとんでけ(ダンス遊び) …… 56
♬ごんべさんの赤ちゃん
  1　先生と連続ジャンケンポン …… 58
  2　相手を選んでジャンケンポン …… 60
  3　ジャンケンメンバーとり遊び …… 62
♬おやとろことろ
  1　縦隊鬼ごっこ …… 64
  2　横隊鬼ごっこ …… 66

　　　　コラム 「うたは生きている」　　　　　　　　　…… 68

Ⅳ　どんぶかっかで トンネルくぐろ ——————— 69

♪おじょうさん
　　1　おにげなさい（ジャンケン遊び）　　　　　　　…… 70
　　2　おいでなさい（ジャンケン遊び）　　　　　　　…… 72
　　3　まわりましょ（ジャンケン遊び）　　　　　　　…… 74

♪ことしのぼたん
　　1　どっちが多く勝ったかな（ジャンケン遊び）　　…… 76
　　2　○○してあげるから（鬼ごっこ遊び）　　　　　…… 78

♪人工衛星人工衛星
　　1　ジャンケンチャンピオン　　　　　　　　　　　…… 80
　　2　同じでありますように　　　　　　　　　　　　…… 82
　　3　手でバランスくずし　　　　　　　　　　　　　…… 84
　　4　足でバランスくずし　　　　　　　　　　　　　…… 86
　　5　スキンシップで合格（鬼ごっこ遊び）　　　　　…… 88

♪どんぶかっか
　　1　トンネルくぐり（触れ合い遊び）　　　　　　　…… 90
　　2　ジャンケンまりつき（触れ合い遊び）　　　　　…… 92

　　　　　　　　　　　　　　　　　本文イラスト／にじ工房

　　　　　　　　　　　　　　　カバー・扉イラスト／伊東美貴

Ⅰ グー・チョキ・パーで かたつむり

グーだして　チョキだして
　　パーだして
時には　かれいになって
　　かたつむりになって
じょうずに
指や手を動かしましょう

♩グー・チョキ・パー 1　　　　　　　　∞ジャンケン遊び∞

いろいろジャンケン

あそびうた

《遊び方 1》

① 片手または両手で，歌詞に合わせて「グー」と「チョキ」と「パー」を出して遊ぶ。

《遊び方 2》

① 立って足でジャンケン遊び。
　　閉じて「グー」，前後に開くように出して「チョキ」，左右に開いて「パー」で遊ぶ。

《遊び方 3》

① 体全体でジャンケン遊び。
　　しゃがんで「グー」，直立姿勢で「チョキ」，両手両足を伸ばして開いて「パー」で遊ぶ。

《指導者へひとこと》

① その他に，どんなジャンケンがあるか，アイディア募集してみましょう。

Ⅰ　グー・チョキ・パーでかたつむり

《遊び方 1》

《遊び方 2》

《遊び方 3》

♪グー・チョキ・パー 2　　　　　　　　　∞ジャンケン遊び∞

勝ちっこ, 負けっこジャンケン

《遊び方 1》
　❖　2人が向かい合う。
①　1人は「グー・チョキ・パー……」の歌詞に合わせて, 手でグー・チョキ・パーを出す。もう1人は,「パー・グー・チョキ……」という具合に, 相手に絶えず勝つように歌いながら, 勝ちのジャンケンを出す。

《遊び方 2》
　❖　2人が向かい合って, 手や足, 体でジャンケンする。
①　1人は「グー・チョキ・パー……」と歌いながら, グー・チョキ・パーを出す。もう1人は, 相手に負けるように「チョキ・パー・グー……」と歌いながら, 負けのジャンケンを出していく。

《指導者へひとこと》
①　お互いに相手につられないでジャンケンするには, 注意力, 集中力がいりますよ。
②　《遊び方 1》《遊び方 2》を, 1人2役, 自分の両手で「ひとりジャンケン」をして遊んでみましょう。

《記　録》

日時	場所	人数	参加者名	観　察	課　題

Ⅰ　グー・チョキ・パーでかたつむり

《遊び方 1》

《指導者へひとこと》
②　左手は右手に勝つものを出す。

左手は右手に負けるものを出す。

《遊び方 2》

♬ かれいをやいて 1   ◯◯手のひら遊び◯◯

かれいはいくつ

あそびうた

※自由に増減させる。

《遊び方》

※　2人のうち，最初に数を言う人を決める。そしてお互いに両手を前に出して，向かい合う。

① かれいをやいて……手の甲を上に向ける。
② うらもやいて……手の甲を下に向ける。
③ おしょうゆつけて……右手の平で左手の甲を，左手の平で右手の甲を，交互になでる。
④ アムマンマンマン……両手を口元に近づけて，食べるしぐさをする。
⑤ さん(3)……④の最後の「アムマンマンマン」を言い終わると同時に，「3」と言いながら，例えば「3」と言った人が片手だけ出し，相手が偶然にも両手を出せば，全部で3つの手が出たことになる。この時は「3」と言った人が勝ちとなり，続けて次も数を言う権利がもらえる。

《指導者へひとこと》

① 数を言う人は，「1」から「4」まで言うことができ，言った数と，前方に出した手の数が偶然にも一致するところに楽しみがあります。一致しなかった場合は，数を言う権利を相手にゆずりましょう。

Ⅰ　グー・チョキ・パーでかたつむり

《遊び方》

① かれいをやいて

② うらもやいて

③ おしょうゆつけて

④ アムマンマンマン

⑤ さん（3）

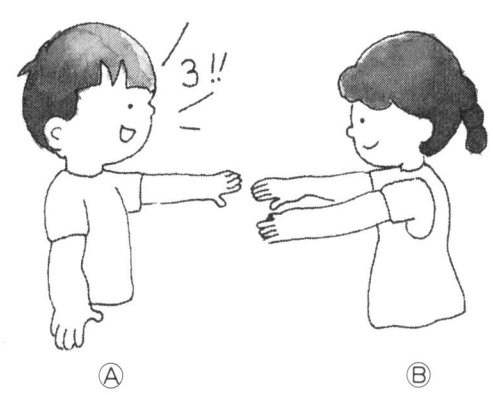

Ⓐは，もう1回「数を言う権利」がもらえる。

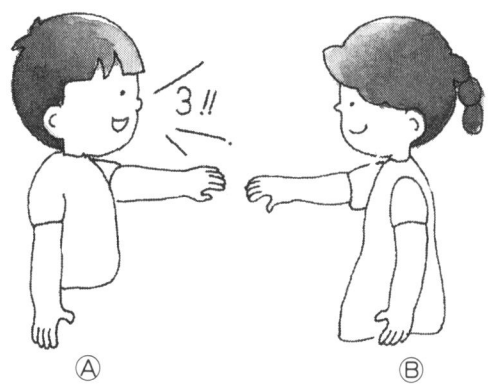

「数を言う権利」がⒷに渡る。

♬かれいをやいて 2　　　　　　　　　　　∞指で数遊び∞

おまめはいくつ

《遊び方 1》
　※　2人が向かい合って，親指を立てるように出す。
①　おまめをやいて……出した親指以外の指は曲げる。
②　うらもやいて……手首をひねって，つめを相手に向ける。
③　おしょうゆつけて……親指同士をなでる。
④　アムマンマンマン……口元へ親指を近づける。
⑤　に（2）……例えば，数を言う権利をもつ人が「2」と言った時，同時に2人が1本ずつ出せば「2」になる。また数を言った人が2本出し相手が出さなければ，これも「2」になる。
　　ともかく，言った人の数と前方に出した指の数が一致すれば，言った人の勝ち。

《遊び方 2》
　※　2人とも，まめの持ち数を10個ずつにして指を伸ばす。
①　おまめをやいて〜おしょうゆつけて……お互いに指の間を開いて，上に向けたり下に向けたり，なでたりする。
②　アムマンマンマン……口元に全部の指を近づける。
③　じゅうさん（13）……②のあとに数を言う人が，例えば「13」と言った時に，自分と相手が出した指の数が13になっていればよい。ただし，残りの7本の指は曲げていること。

《指導者へひとこと》
①　遊びながら数を理解することができます。

Ⅰ　グー・チョキ・パーでかたつむり

《遊び方 1》

① おまめをやいて

④ アムマンマンマン

② うらもやいて

⑤ に（2）

③ おしょうゆつけて

3つのどれもが④にもう1回「数を言う権利」を与えられる。

《遊び方 2》

① おまめをやいて

うらもやいて

おしょうゆつけて

② アムマンマンマン

③ じゅうさん (13)

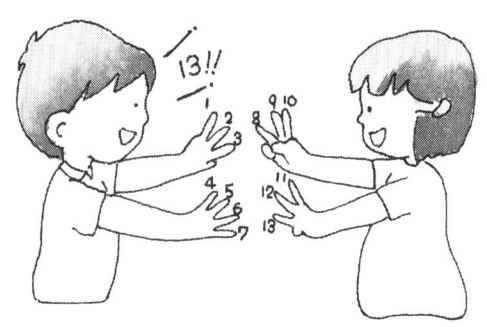

Ⅰ　グー・チョキ・パーでかたつむり

♬かれいをやいて　3　　　　　　　　ことば遊び

ビフテキやいて

《遊び方》
❖　「かれいを」「おしょうゆつけて」……この2か所を別のことばに置きかえて，手遊び指遊びをする。

「ビフテキ～ソースをつけて」

「たこやき～たこをいれて」

「おこのみやき～たれをつけて」

「ホットケーキ～ハチミツつけて」

「たいやき～あんこをいれて」

♪かたつむり 1　　　　　　　　　　　　　　　∞手遊び∞

文部省唱歌

1. でんでん　むしむし　かたつむり
   おまえの　あたまは　どこにある
   つのだせ　やりだせ　あたまだせ

2. でんでん　むしむし　かたつむり
   おまえの　めだまは　どこにある
   つのだせ　やりだせ　めだまだせ

《遊び方 1》

❖　まず最初は，右手をチョキにしてかたつむり，左手はパーを出して葉っぱにする。

① でん……左手葉っぱの上に，右手かたつむりをのせる。
② でん……左手葉っぱの横に，右手かたつむりの角をあてる。
③ むし……右手葉っぱの上に，左手かたつむりをのせる。
④ むし……右手葉っぱの横に，左手かたつむりの角をあてる。
⑤ かたつむり～あたまだせ……①～④を間違えないで交互に繰り返す。

《遊び方 2》

① でん……両手合わせを1回する。
② でん……左手は葉っぱに，右手をかたつむりにする。
③ むし……両手合わせを1回する。
④ むし……右手は葉っぱに，左手をかたつむりにする。
⑤ かたつむり～あたまだせ……①～④を交互に繰り返す。

Ⅰ　グー・チョキ・パーでかたつむり

《遊び方 1》

① でん

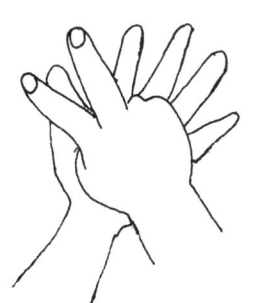

② でん

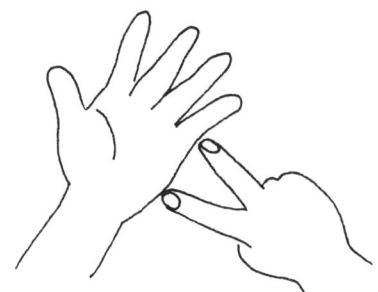

③ むし

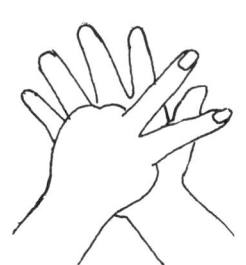

④ むし

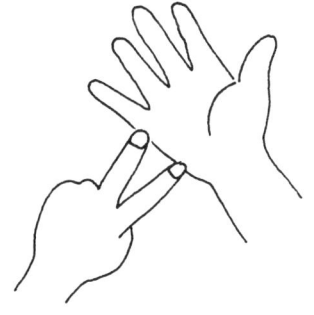

《遊び方 2》

① でん

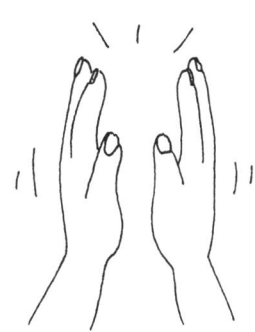

② でん

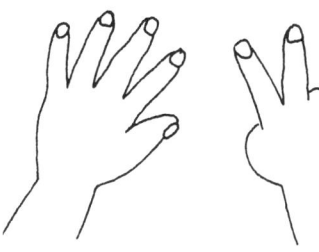

③ むし

④ むし

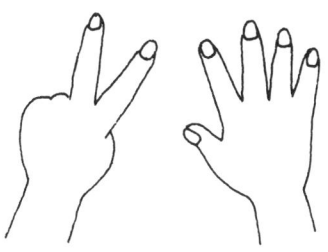

♪かたつむり 2　　　　　　　　　　　　　　　∞∞全身遊び∞∞

かたつむりさん，整列！

《遊び方》
① でんでんむしむしかたつむり……クラスの子どもが全員ばらばらに自由に歩き，うたの最後にはその場で止まる。
② ○○ちゃん，××ちゃん……先生は，参加者の中から2人の名前を呼ぶ。
③ 呼ばれた人は，元気な声で「はい」と返事をして，両手を上に伸ばして，かたつむりの角にし，他の人たちに自分の居場所を知らせる。
④ 他の人たちは，2人のうちのどちらかに早い順に，前の人の両肩に両手をのせて整列する。
⑤ 先生は，両グループとも整列したところで，片手をあげて，前進するよう指示する。
⑥ おまえのあたまは～あたまだせ……両グループの先頭は，うずまきになるよう歩いたり，まっすぐに歩くなどして，他の人たちもついて歩くように導く。

《指導者へひとこと》
① 先生は1グループ7～8人ぐらいになるように，参加者が多い時は増やして名前を呼ぶようにするとよいでしょう。
② だれの名前が呼ばれるか注意力，集中力を育て，はっきりと返事をしたり，早く整列できるようになります。

《遊び方》

① でんでんむしむしかたつむり

② 「○○ちゃん，××ちゃん」
③ 「はい」
④ 整列する。

Ⅰ　グー・チョキ・パーでかたつむり

⑤ 先生は「進め」の合図をする。
⑥ おまえのあたまは～あたまだせ

21

向き合って歌えばこぼれるほほえみ

　子どもがテレビのニュース番組を好むという話をよく耳にします。正面を向いて語るアナウンサーに心惹かれるからだそうです。画面の中の映像は一方的に流れていて，呼吸を合わせてはくれません。それでも向き合ってはくれることに，子どもたちがわずかでも喜びを感じているのかと思うと，胸が痛みます。

　私たち大人は，便利なのをよいことに，子どもたちをテレビ漬け，ケータイ漬け，ゲーム漬けの状態に追いやり，放置してはいないでしょうか。

　少しでもよいので時間を見つけて，子どもと向き合って歌ってみましょう。いつの間にか子どももうたを口ずさみ，2人で手を取り合って一緒に体を動かしていく中で，心が繋がっている喜びを実感する瞬間が生まれるでしょう。そんな瞬間こそが，子どもたちの求めている「子どもの目線に立つ」ことなのです。そんな瞬間を積み重ねることで，お互いの心が優しく温かくなり，固い絆で結ばれるのです。

　歌っている顔は素敵だなあ，といつも感動します。眼差しが，とっても優しいのです。口元がほほえんでいるのです。子どもは，大人のそんな顔が大好きです。たくさん見せてあげてください。

Ⅱ あんたがたどこさで 手をたたこ

いつでも どこでも
だれとでも
　かんたんに すぐできる
　体づくり遊び
心の触れ合いも 深めます

♪**あんたがたどこさ　1**

できるかな？　さわること

わらべうた

《遊び方 1》

① あんたがたどこ……両手合わせ打ちを繰り返す。

② さ……両手を頭に触れる。

③ ひごさ～ちょいとかぶせ……「さ」以外は，①に同じ。「さ」は必ず頭を両手で触れる。

《遊び方 2》

❖　2人ずつ向かい合う。

① 「さ」以外は，相手と両手合わせを繰り返す。

② 「さ」の時に，お互いに相手の頭を両手で触れる。

《指導者へひとこと》

① 「さ」の時に，腰，膝，足のつま先なども触れるようにすると楽しくなりますよ。

Ⅱ　あんたがたどこさで手をたたこ

《遊び方 1》
① あんたがとこ

《指導者へひとこと》

② さ

《遊び方 2》
① あんたがたどこ（「さ」以外）

② さ

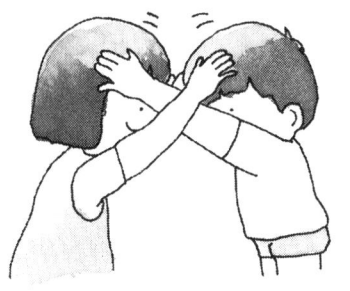

♪ **あんたがたどこさ　2**

できるかな？　この体操

《遊び方　1》

① 　あんたがたどこ……両手合わせ打ちを繰り返す。
② 　さ……両手で頭を触れる。
③ 　ひご……①に同じ。
④ 　さ……両手で両腰を触れる。
⑤ 　ひごどこ……①に同じ。
⑥ 　さ……両手で両膝を触れる。
⑦ 　くまもと……①に同じ。
⑧ 　さ……両手で両つま先を触れる。
⑨ 　くまもとどこさ～ちょいとかぶせ……「さ」以外は①に同じ。「さ」で，頭，次に腰，そして膝からつま先へ，4か所を順に繰り返し触れる。

《遊び方　2》

❖ 　2人が向かい合って立つ。
① 　「さ」以外は相手と両手合わせを繰り返す。
② 　「さ」で，1人は頭から腰，膝，つま先へ（上から下へ），もう1人はつま先から膝，腰，頭へ（下から上へ），繰り返し体の曲げ伸ばしをする。

《指導者へひとこと》

① 　歌いながらほどよい体の屈伸運動は，高齢者にも喜ばれます。
② 　《遊び方　2》で集中力，注意力，落ち着きの程度を観察できますよ。

Ⅱ　あんたがたどこさで手をたたこ

《遊び方 1》
①　あんたがたどこ

②　さ

③　ひご

④　さ

⑤　ひごどこ

⑥　さ

⑦　くまもと　⑧　さ

《遊び方 2》
①　あんたがたどこ(「さ」以外)

②　さ

♪あんたがたどこさ 3

できるかな？ 手たたき

《遊び方 1》
- ❖ 2人が向かい合って，たたく人を決める。
- ① 2人とも両手の甲を上に向けて出す。
- ② 「さ」で，たたく人は両手の平で，相手の両手を上からたたく。もう1人はたたかれないようにすばやく両手を引っ込める。

《遊び方 2》
- ❖ 2人が向かい合って，先にやる人と後にやる人を決める。
- ① 「さ」以外は，2人とも両手の甲を上に向けて出す。
- ② 最初の「さ」は先にやる人が，次の「さ」は後にやる人が相手の両手をたたく（それぞれ，もう1人はたたかれないように両手を引っ込める）という具合に，「さ」ごとに交互に役割を交替して繰り返し行う。

《指導者へひとこと》
① 《遊び方 2》は難しい遊びのようですが，間違えた時にすばやく修正して立ち直る組と，最後までもたついてしまう組を観察することができます。注意力，集中力が養われます。

《記　録》

月日	場所	人数	参加者名	観　察	課　題

Ⅱ　あんたがたどこさで手をたたこ

《遊び方 1》

① あんたがたどこ（「さ」以外）

② さ

② さ

ひご

《遊び方 2》

① あんたがたどこ

さ

♪ あんたがたどこさ　4　　　　　　　　　　　　　　○○ジャンケン遊び○○

なん人勝つかな？

《遊び方 1》
　❖　先生とクラスの子どもが向かい合って立つ。
① 「さ」以外は，両手で両膝をたたく。
② 「さ」の時に，先生と子どもが同時に，グー・チョキ・パーのうち1つを両手で出してジャンケンする。
③ 先生に負けた人は，次々とすわっていく。
④ 「このはでちょいとかぶせ」と歌い終わるまでに，先生とのジャンケンで，なん人の子どもが勝ち残ることができるか挑戦。

《遊び方 2》
① 「さ」の時に，先生とのジャンケンで勝った人は次々とすわるようにする。
　　最後まで負け残ることができるか挑戦。

《指導者へひとこと》
① 「さ」の時に，先生とのジャンケンで勝ち残る資格として，あいこも加えてもよいでしょう。
② クラスのメンバーだけでなく，全校児童が集まる集会などでもやるとよいでしょう。
③ 大人の集会，会議の途中などでもやってみてください。なごやかな雰囲気をつくったり，息抜きにもなります。

Ⅱ　あんたがたどこさで手をたたこ

《遊び方 1》

① 「さ」以外

② さ

♪あんたがたどこさ　5　　　　　　　　　　　　　　∞鬼ごっこ遊び∞

猟師とたぬき

《遊び方》
※　2人が猟師とたぬきになって向かい合う。
① 花いちもんめのように，前進と後退を繰り返す。
　「あんたがたどこさ」で，1人は前進，もう1人は後退。
　「ひごさ」で，1人は後退，もう1人は前進。

「猟師」前進	「たぬき」前進
あんたがたどこさ	ひごさ
ひごどこさ	くまもとさ
くまもとどこさ	せんばさ
せんば山にはたぬきがおってさ	それを猟師が鉄砲で撃ってさ
にてさ	やいてさ
くってさ	

② それをこのはでちょいとかぶせ……2人が背中合わせになる。
③ リーダーの「それー！」の合図で，1人は逃げる。もう1人は追いかけて捕える。

《指導者へひとこと》
① 2人以上何人でも遊ぶことができます。
② リーダーの最後の「それー！」で，逃げ手も追い手も，片足とび，または両足とびで行くようにしてもよいでしょう。

Ⅱ　あんたがたどこさで手をたたこ

《遊び方》

① あんたがたどこさ

ひごさ

ひごどこさ

② それをこのはでちょいとかぶせ

③ それー！

《指導者へひとこと》

① あんたがたどこさ

② それー！

♪ 加藤清正

馬 遊 び

わらべうた

かとう きよまさ おうまのって ほい

《遊び方 1》

① 1人が両手を両膝に当て，背中を曲げて馬になる。

② もう1人は馬の後ろに立って，馬の背中に片手をのせる。「ほい」で，片足を馬の背中の上を通すように回しておろす（足が通る時は手をはなす）。

《遊び方 2》

① 1人が馬になり，もう1人は馬の斜め後ろに立って，馬の背中に両手をつく。

② 「ほい」で，反対側へ両足で横とびをする。

《遊び方 3》

① 1人が馬になり，もう1人は馬の背中に両手をつく。

② 「ほい」で，両足を開いてとび越える。

《遊び方 4》

① 1人が両手両膝を床につけて馬になり，もう1人は馬の乗り手になる。この時，馬は腕と足を上下に屈伸する。

② 「ほい」で，馬は屈伸を中止する。乗り手は両手を横にひろげる。

《遊び方 5》

① 1人は両手両膝を床につけて馬になり，もう1人は馬の背中に腹をのせ

Ⅱ　あんたがたどこさで手をたたこ

る。
② 別の1人が，馬の背中にのった人の両足を持ち上げて，かいぞえする。
③ 馬は腕と足を上下に屈伸する。「ほい」で，馬の背中にのった人は体をそらして両手を横に広げ，うまくバランスをとる。

《遊び方 6》
① 1人が床にお尻をつき，両足を伸ばして，体を斜め前方に倒す。
② もう1人は，相手の肩付近にお尻をのせ，「ほい」で背中のスベリ台をすべり，床にお尻をついて着地する。

《遊び方 7》
① グループの1人をリーダーに決め，リーダーは《遊び方 1》から《遊び方 6》までのどれか1つの遊びをする。他のメンバーもリーダーと同じ遊びを，順に行う。
② 途中で失敗した人がでたら，その人が馬役に交替する。
③ 役を交替した馬が，次のリーダーとなって，遊びを繰り返す。

《記　録》

月日	場所	人数	参加者名	観　察	課　題

《遊び方 1》

① 加藤清正お馬のって

② ほい

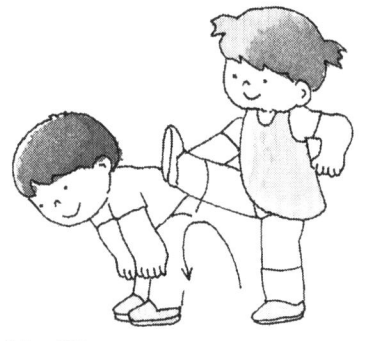

《遊び方 2》

① 加藤……

② ほい

《遊び方 3》

① 加藤……

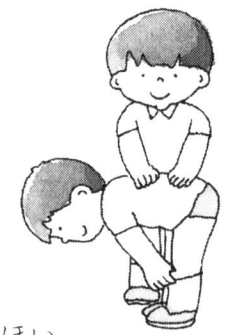

② ほい

《遊び方 4》

① 加藤……

② ほい

Ⅱ あんたがたどこさで手をたたこ

《遊び方 5》
① 加藤……

② ほい

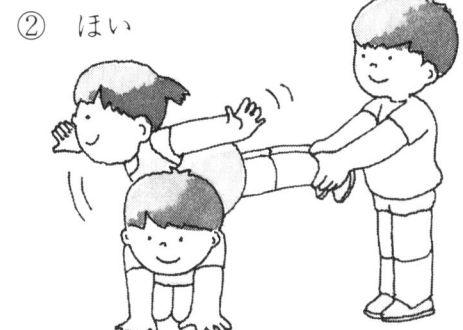

《遊び方 6》
① 加藤……

② ほい

《遊び方 7》

♪ ふたあけて　1　　　　　　　　　　バランスくずし遊び

おしりでボン

あそびうた

ふたあけて　そうじして　たまつめて　ふたしめて　セーのボン

《遊び方》

❖　2人のうち，1人は体を前に倒して，両膝に両手をあてて立つ。

① ふたあけて……もう1人は，相手の着ているシャツを，めくって上げる。
② そうじして……相手のシャツの中に，もう片一方の手を入れてせわしく動かす。
③ たまつめて……相手のシャツのすそから，弾のように握ったゲンコツを押し込んでから出す。
④ ふたしめて……上げたシャツを下におろす。
⑤ セーの……弾をつめた人が，後ろ向きになって，相手のお尻と合わせる。
⑥ ボン……弾をつめた人が，自分のお尻で，相手のお尻を1回で押して，相手のバランスをくずす。

《記　録》

月日	場所	人数	参加者名	観　　察	課　題

Ⅱ　あんたがたどこさで手をたたこ

《遊び方》
① ふたあけて

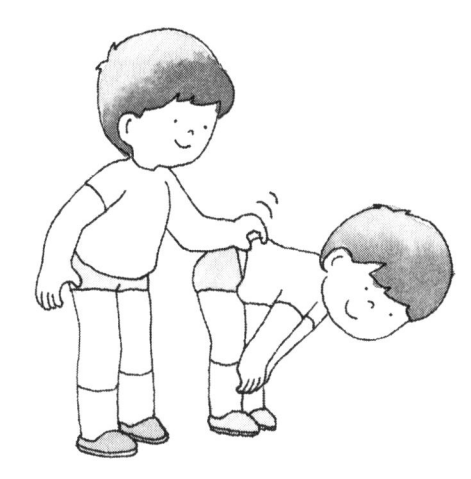

② そうじして

③ たまつめて

④ ふたしめて

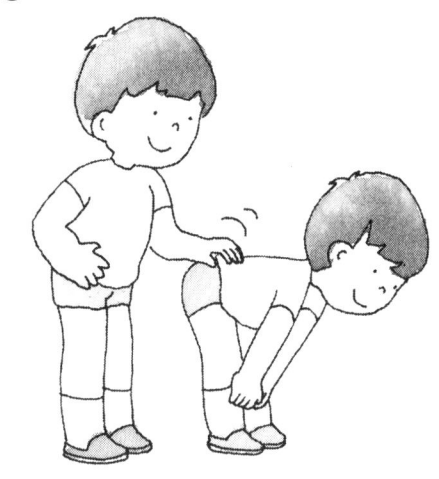

⑤ セーの

⑥ ボン

♬ふたあけて 2　　　　　　　　　　∞バランスくずし遊び＋α∞

間違えないでドッキング

《遊び方 1》
　❋　2人1組で，何組でも参加でき，大勢いると楽しい。
① 各組とも，「おしりでボン」（P.38）の遊び方①～⑥を行う。
② 「ボン」で，弾をつめた人にお尻を押された人は，弾となって遠くまでかけ足で移動する。
③ 先生の「戻りましょう」の合図で，お尻を押された人は，早く自分の相手のところまで戻る。

《指導者へひとこと》
① 弾をつめた人は，声を出したり手を振るなどして所在を知らせて，早く自分のところへ相手が戻れるようにしましょう。ワイワイガヤガヤが雰囲気を楽しくし，生き生きとした遊びになります。

《遊び方 2》
① 全員が《遊び方 1》の①を行う。
② 「ボン」で，弾をつめた人も，弾をつめられた人も，別の方向へ遠くまでかけ足で離れる。
③ 先生の「戻りましょう」の合図で，2人とも自分の相手を探しながら，早くいっしょになる。

《指導者へひとこと》
① 親子のつどいで，親が子を，子が親を探して抱き合うよう導いてもよいでしょう。

Ⅱ　あんたがたどこさで手をたたこ

《遊び方 1》
①
②

③

《遊び方 2》
①
②

③

♫ チョーチチョーチ　　　　　　　　　　　バランスくずし遊び

ヨイショでしりずもう

わらべうた

チョーチ　チョーチ　アワ　ワ　　かいぐり　かいぐり
とっ　との　め　　おつ　む　てんてん　ひじポン　ポンヨイショ

《遊び方》

❖　2人が向かい合って立つ。

① チョーチチョーチ……両手で、自分の両膝と相手の両手とを交互に触れる。

② アワワ……2人が3回、両手合わせする。

③ かいぐりかいぐり、とっとの……両腕を、胸の前でぐるぐるとまわす。

④ め……2人でジャンケンする。

　あいこの時は、「かいぐりかいぐりとっとのめ」と、勝負がつくまで繰り返しジャンケンする。

⑤ おつむてんてん、ひじポンポン……2人が背中合わせに立ち、勝った人は自分のお尻で、負けた人のお尻をなでる。

⑥ ヨイショ……勝った人は自分のお尻で、相手のお尻を押して、相手のバランスをくずす。

⑦ 相手のバランスをくずせなかったら、頑張った相手の勝ち。

《指導者へひとこと》

① 勝ち抜き戦で、だれがチャンピオンになるか競争しても楽しいですよ。

Ⅱ　あんたがたどこさで手をたたこ

《遊び方》

① チョーチチョーチ

② アワワ

③ かいぐりかいぐり，とっとの

④ め

⑤ おつむてんてん，ひじポンポン

⑥ ヨイショ

歌って子どもとスキンシップ

　子育て支援教室や祖父母と孫のつどいなどで，子育て・孫育てではぜひ，「揺りかごのうた」などの子守うたを歌いながらスキンシップをしていただくよう，お話ししています。

　かつて，おんぶや抱っこは子どもたちにとって〝社会の窓〟でした。母や祖父母の背中や胸で，その温もりや鼓動に安心し，信頼を寄せながら，自然の風景や人間模様を目の当たりにして，知らず知らずのうちに社会の縮図を体験していきました。

　言葉による意思疎通がまだまだ未熟な子どもたちにとっては，スキンシップがお互いの想いを通わせる最高のコミュニケーションです。歌いながら子どもとスキンシップをすると，優しいうた声と肌に感じるぬくもりから，見守られている安らかさを感じて，心の安定した子どもに育つのです。

　うたの苦手なある母親は，歌うことを自粛するようにと自分の母親から言われていたそうです。けれど我が子可愛さにしょっちゅう歌って子育てをされたところ，子どもは音痴になるどころか，うたの大好きな心の豊かな人に育ったそうです。うたの上手・下手は関係ないのですね。

Ⅲ どんぐりころころで あ・そ・ぼ

ころころ転がって
　　　ひらひら飛んで
　　　うたって
　　　おどって
元気に　遊びましょう

♪どんぐりころころ　1　　　　　　　　　○○役割選択遊び○○

どっちになりたいの

♩=60　mf
青木存義・作詞／梁田　貞・作曲

1. どん ぐり ころ ころ どん ぶりこ
   おいけに はまって さあ たいへん
   どじょうが でてきて こんにちは
   ぼっちゃん いっしょに あそびましょう

2. どん ぐり ころ ころ よろ こんで
   しばらく いっしょに あそんだが
   やっぱり おやまが こいしいと
   ないては どじょうを こまらせた

《遊び方》

　❖　参加者全員がばらばらに立つ。

① どんぐりころころ～さあたいへん……全員が自由に歩き，「へん」で，どんぐりになりたい人はその場にしゃがみ，どじょうになりたい人はその場に立つ。

② どじょうが～こんにちは……どじょうの人は，だれでもよいからどんぐりの人のところまでスキップ（かけ足，徒歩でもよい）で近づき，2人組になる。

③ ぼっちゃん～あそびましょう……2人組は両手をつないでスキップ（かけ足，徒歩）で1回転。相手のいないどんぐりやどじょうは，その場で立って両手合わせ打ちをしてスキップ（かけ足，徒歩）するカップルを応援。

《指導者へひとこと》

① 運動会や参観日に，親に特別参加してもらい，親子が手をつないで1組のどんぐりになっての親子ダンスは，親にも子どもにも好評です。

Ⅲ　どんぐりころころであ・そ・ぼ

《遊び方》
① どんぐりころころ〜さあたいへん

↓ どじょう

どんぐり

② どじょうが〜こんにちは

③ ぼっちゃん〜あそびましょう

《指導者へひとこと》

♬どんぐりころころ 2

両手ゲンコツ・同じっこ

《遊び方》
　❖　1人がリーダー役，もう1人は模倣役になって，2人が向かい合い，両手を出す。
① どん……自分の両手を合わせる。
② ぐり……相手と右手の平同士を合わせる。
③ ころ……自分の両手を合わせる。
④ ころ……相手と左手の平同士を合わせる。
⑤ どんぶりこ〜さあたいへん……①〜④を繰り返す。
⑥ どじょうが〜こんにち……自分の両手合わせ打ちを6回する。
⑦ は……2人とも両手をゲンコツにする。リーダー役は両手ゲンコツで頭，鼻，あごの3つの部位のうち，いずれか1か所に触れる。すかさず（同時くらい）模倣役も，リーダー役と同じ部位を両手ゲンコツで触れるようにする。
⑧ 「どじょうがでてきてこんにちは」を繰り返し歌って，模倣役はリーダー役と同じ部位に両手ゲンコツで続けて触れるようにする。
⑨ 模倣役がリーダー役と異なった部位を，両手ゲンコツで触れてしまったところで，両手ゲンコツ遊びを中止する。
⑩ ぼっちゃん〜あそびましょう……①〜④を繰り返す。

《指導者へひとこと》
① 参加者全員が2人組になって，どの2人組が長くゲンコツ遊びができるか挑戦させてみましょう。

《遊び方》

① どん　　② ぐり

③ ころ　　④ ころ

⑥ どじょうが～こんにち

⑦ は

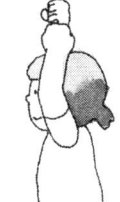

Ⅲ　どんぐりころころであ・そ・ぼ

⑨ こんにちは

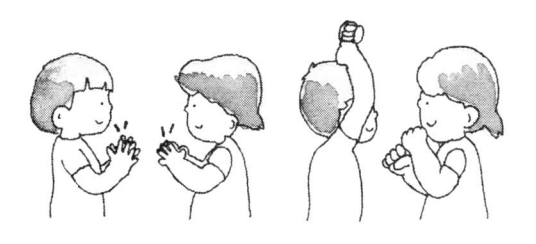

⑩ ぼっちゃん～あそびましょう

ぼっ

ちゃん

いっ

しょに

♪どんぐりころころ 3

両手ゲンコツ・違いっこ

《遊び方》
※ 2人が向かい合い，1人はリーダー役，もう1人は模倣をしない役になって両手を出す。
① どんぐりころころ〜さあたいへん……「両手ゲンコツ・同じっこ」の遊び方①〜⑤に同じで手合わせ遊びを楽しむ。
② どじょうが〜こんにち…自分の両手合わせ打ち6回。
③ は……リーダー役は両手ゲンコツで，頭，鼻，あごの3つの部位のうち，いずれか1か所に触れる。すかさず（同時くらい）模倣しない役は，リーダー役とは違う部位を両手ゲンコツで触れるようにする。
④ 模倣しない役がリーダー役と違った部位を両手ゲンコツで触れ続けている間，「どじょうがでてきてこんにちは」を繰り返し歌い，触れた部位が同じになったら中止する。
⑤ ぼっちゃん〜あそびましょう……①に同じ。

《記　録》

月日	場所	人数	参加者名	観　察	課　題

《遊び方》

① どんぐり～さあたいへん

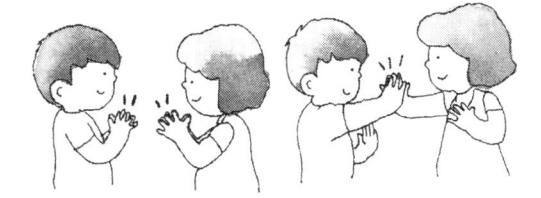

　　　　どん　　　　　ぐり

　　　　ころ　　　　　ころ

② どじょうが～こんにち

③ は

Ⅲ　どんぐりころころであ・そ・ぼ

④　こんにち　　は

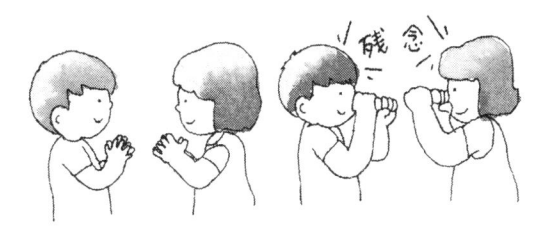

⑤　ぼっちゃん～あそびましょう

　　　　ぼっ

　　　　ちゃん

　　　　いっ

　　　　しょに

♬ おはなとちょうちょ

2つの区別ができるかな

あそびうた

きれ いな お はな が さ き ました それ 1 2 3

野村秋足・作詞／ドイツ民謡

ちょうちょ ちょうちょ なのはに とまれ なのはにあいたら さくらに とまれ

さくらの はなの はなから はなへ とまれよ あそべ あそべよ とまれ

《遊び方》

◇　1人がちょうちょ役，10人がおはなになる。おはなは相談して3人の「毒ありのおはな」と7人の「毒なしのおはな」を決める。

① きれいなおはながさきました，それ……おはなは輪になって手をつなぎ，ちょうちょを中心にまわる。

② 1，2，3……おはなは，手を放してあちらこちらにしゃがむ。

③ ちょうちょ～あそべよとまれ……おはなはうたを歌い，その間にちょうちょ役は両腕を伸ばして動きまわり，連続で3人の毒なしのおはなにさわる。おはなはさわられた時，毒なしであれば両手を輪にして「合格」を，毒ありは両手でバツ印にして「失格」をちょうちょに知らせる。

《指導者へひとこと》

① 毒ありと毒なしを決める時ちょうちょに気づかれないようにしましょう。

② ちょうちょが1回目にさわったおはなが毒ありの場合や，1回目は毒なし2回目は毒ありの場合は，次のおはなをさわる資格を失います。

③ 5人のおはなに触れて，そのうちの3人が毒なしであれば，合格にしてもよいでしょう。

Ⅲ　どんぐりころころであ・そ・ぽ

《遊び方》
① きれいなおはながさきました，それ

② 1, 2, 3

③ ちょうちょ～あそべよとまれ

「毒なしのおはな」にちょうちょが触れた場合の合格の合図

「毒ありのおはな」にちょうちょが触れた場合の失格の合図

♪ おかごぎしぎし 1

りんごは極楽, みかんは地獄

わらべうた

おかごぎしぎし のりかごぎしぎし

{はり／はす}の やまへ とんでけ

《遊び方》

※ 2人が向かい合って, 両手をつないでかごになる。

※ 2人のうち, 1人は「みかん」(地獄), もう1人は「りんご」(極楽)とする。

① かごに入った人に,「みかん」が好きか,「りんご」が好きかをたずねる。

② 「みかん」と言った人には, うたに合わせて, かごを激しく左右にゆすりながら,「はりのやまへとんでけ」と勢いつけて, かごから外へ出す。

③ 「りんご」ならば, 極楽なので, かごのゆれ具合を小さくして「はすのやまへとんでけ」とやさしく外へ出す。

《指導者へひとこと》

① 「みかん」と「りんご」の他に「赤」と「白」,「海」と「山」など, いろいろと変えて, 地獄と極楽がいったいどちらなのか, 気づかれないよう工夫するとよいでしょう。

② 平衡感覚, 調整力を養います。

Ⅲ　どんぐりころころであ・そ・ぼ

《遊び方》

① どっちが好き？

「みかん！」

みかん　　　りんご

② おかごぎしぎし〜はりのやまへ

激しく大きくゆする

⇩

とんでけ

③ おかごぎしぎし〜はすのやまへ

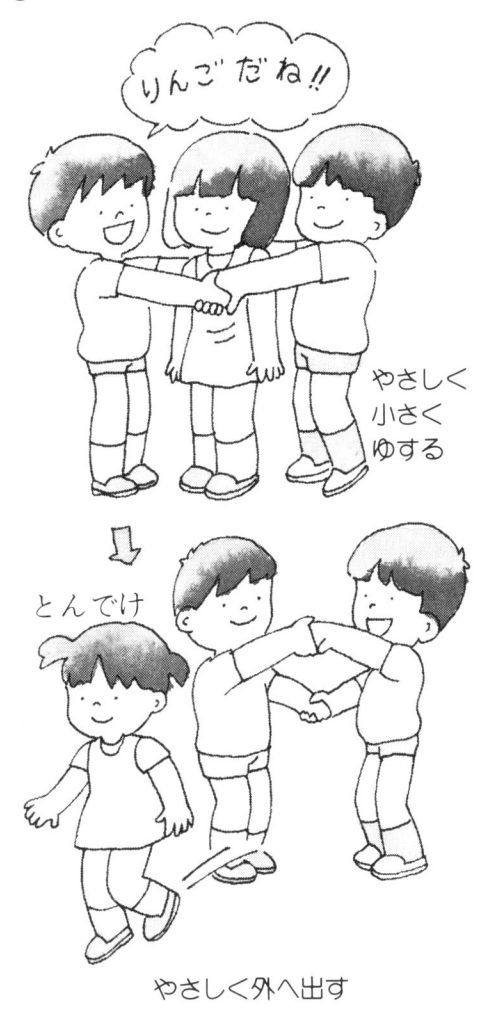

「りんごだね!!」

やさしく小さくゆする

⇩

とんでけ

やさしく外へ出す

55

♪**おかごぎしぎし 2**　　　　　　　　　　　　　　ダンス遊び

かごからとんでけ

《遊び方》
- ❖ 2人ずつ向かい合って両手をつなぎ，輪をつくる。
- ❖ 2人でつくったかごの中に，1人ずつ入る。
① かごの2人は，うたに合わせて，つないだ両手を左右に動かす。中の1人は，かごのゆれ具合を楽しむ。
② 「とんでけ」で，かごの2人はつないだ両手を上にあげ，同時に中の1人は右隣りの相手のかごの中に入り込んで，遊びを続ける。

《記　録》

月日	場所	人数	参加者名	観　察	課　題

Ⅲ　どんぐりころころであ・そ・ぼ

《遊び方》
① おかごぎしぎし～はり（はす）のやまへ

② とんでけ

♪ごんべさんの赤ちゃん　1

先生と連続ジャンケンポン

作詞者不詳／アメリカ民謡

ごんべさんのあかちゃんがかぜひいた　ごんべさんのあかちゃんがかぜひいた
　　　　　　　　　　　　　　　　　（○　○さん）
ごんべさんのあかちゃんがかぜひいた　そこ　であわててしっぷした
（△　△さん）

《遊び方》

　❈　子ども（参加者）は，先生（リーダー）が見える位置に立つ。

① ごんべさんの赤ちゃんが……自分の頭を両手で軽く4回たたく。

② かぜひいた……先生と子どもがジャンケン。「た」でグー・チョキ・パーのいずれかをだす。

③ 負けた人はその場にすわり，うたの続きに合わせて手拍子をして，立っている人を応援。勝った人は立ったまま続けることができる。

④ ごんべさんの赤ちゃんが……自分の両肩を両手で4回軽くたたく。

⑤ かぜひいた……先生と勝ち残った子どもとジャンケン。負けた人はすわる。

⑥ ごんべさんの赤ちゃんが……自分の両膝を両手で軽く4回たたく。

⑦ かぜひいた……先生と勝ち残った子どもとジャンケン。負けた人はすわる。

⑧ そこであわてて……「そこで」で頭を，「あわ」で両肩を，「てて」で両膝を各1回ずつさわる。

⑨ しっぷした……「た」で先生と勝ち残った子どもがジャンケン。4回のジャンケンに挑戦して勝ち残った人を，みんなでたたえる。

Ⅲ　どんぐりころころであ・そ・ぼ

《遊び方》

① ごんべさんの赤ちゃんが

② かぜひいた

③

④ ごんべさんの赤ちゃんが

⑤ かぜひいた

⑥ ごんべさんの赤ちゃんが

⑦ かぜひいた

⑧ そこであわてて

⑨ しっぷした

♪ごんべさんの赤ちゃん　2

相手を選んでジャンケンポン

《遊び方》
　❖　参加者はバラバラに立ち，なんにんでも参加できる。
①　ごんべさんの赤ちゃんが……自由に歩き，「が」でだれとでもよいから2人が向かい合う。
②　かぜひいた……「た」でジャンケンをする。負けたらその場にしゃがみ，勝った人はその場に立って残る。
③　ごんべさんの赤ちゃんがかぜひいた……②で勝ち残った人だけで，①②と同じようにする。
④　ごんべさんの赤ちゃんがかぜひいた……③で勝ち残った人だけで，①②と同じようにする。
⑤　そこであわててしっぷした……④で勝ち残った人だけで，「そこであわてて」で自由に歩き，「しっぷし」でだれかと向かい合い，「た」でジャンケンをする。
⑥　①～⑤を繰り返し行って，最後まで勝ち残った人をチャンピオンにして，みんなでたたえる。

《指導者へひとこと》
①　初めのうち男女を意識して，同性を探している高学年も，勝ち残る人が減っていくうちに，いつの間にか男の子と女の子がジャンケンするようになりますよ。

Ⅲ　どんぐりころころであ・そ・ぼ

《遊び方》

① ごんべさんの赤ちゃんが

② かぜひいた

③ ごんべさんの赤ちゃんが

かぜひいた

④ ごんべさんの赤ちゃんが

かぜひいた

⑤ そこであわてて

しっぷした

♪ごんべさんの赤ちゃん 3
ジャンケンメンバーとり遊び

《遊び方》
- ❖ 同人数ずつ2組に分かれ，離れて向かい合う。
- ❖ ジャンケンで，先に行うグループと後に行うグループを決める。また両グループとも，相手グループから欲しい人を1人決めておく。
① ごんべさんの赤ちゃんがかぜひいた……両グループが中央へ歩み寄る。
② ○○さんの赤ちゃんがかぜひいた……先に行うグループは相手グループから欲しい人の名前を○○に入れて，歌いながら前進。後に行うグループは後ろへさがる。
③ △△さんの赤ちゃんがかぜひいた……後に行うグループも，相手グループから欲しい人の名前を△△に入れて歌いながら前進。先に行うグループは後ろにさがる。
④ そこであわててしっぷした……呼ばれた人は，グループの前に出て，「た」でジャンケンをして勝負を決める。負けた人は，相手グループの一員となる。ジャンケンがあいこの時は，勝負がつくまで「しっぷした」を繰り返す。
⑤ 両グループとも，欲しい相手を相談で決めて，繰り返し遊ぶ。

《記　録》

月日	場所	人数	参加者名	観　　察	課　題

Ⅲ　どんぐりころころであ・そ・ぼ

《遊び方》

① ごんべさんの〜かぜひいた

先に行うグループ　　後に行うグループ

② ○○さんの〜かぜひいた

③ △△さんの〜かぜひいた

④ そこであわててしっぷした

♪おやとろことろ 1

縦隊鬼ごっこ

わらべうた

おやとろ ことろ　ことって どうするの　しおつけてむしゃむしゃ
ねずみっこ にげっこ　とるなら とってみろ　ねー ねー ねー ねこ(ねずみ)
　　　　　　　　　　　　　　　　　　└──横隊鬼ごっこ用──┘

《遊び方》

❖　1人の親の後ろに子が順に並んで，前の人の両肩に両手をのせて立つ。他に鬼を1人決める。

① 鬼と親子が向かい合って，問答式に歌う。

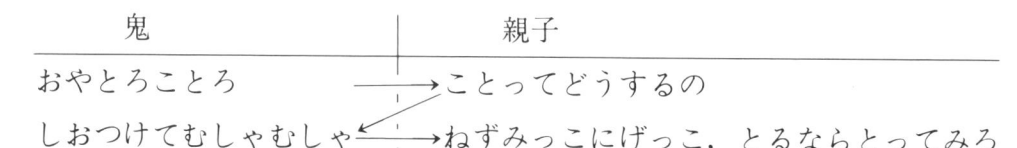

鬼	親子
おやとろことろ	→ことってどうするの
しおつけてむしゃむしゃ	→ねずみっこにげっこ，とるならとってみろ

② 歌い終わったら，鬼は親子の列の一番後ろの子をさわるように追いかける。

親は両手を広げて，鬼の進入を防ぐ。

③ 鬼が一番後ろの子をさわったら，親が鬼になる。鬼は一番後ろの子になって，遊びを繰り返す。

《指導者へひとこと》

① 親子の列で，前の人の肩にのせた手を1人でも放したら，親は子をうまくリードできなかったとして一番後ろの子になって，親の後ろにいた人に親の役をゆずりましょう。

② 協調性，仲間意識が育つとともに，敏捷性も養い，運動量があります。

Ⅲ　どんぐりころころであ・そ・ぼ

《遊び方》
① 　おやとろことろ〜とるならとってみろ

親

子

鬼

②

65

♪おやとろことろ 2

横隊鬼ごっこ

《遊び方》
- 中央に30センチの間隔で2本のラインを引く。ラインより10メートル程離れたところに陣地をつくる。
- 参加者は「ねこ」と「ねずみ」の2組（2組とも同数であること）に分かれて，中央のラインに向かい合って立つ。
① 「縦隊鬼ごっこ」(P.64)の①のように，「ねこ」と「ねずみ」が，問答式に歌う。
② 歌い終わったら，先生は「ねねねこ」または「ねねねずみ」のどちらかを指名する。
③ 先生に指名された組は，全員自分の陣地をめざして逃げる。そうでない組は，自分と向かい合っていた相手を追いかけてつかまえる。

《指導者へひとこと》
① 相手組を追いかけてつかまえる時，相手組であれば，だれでもよいことにしても，スリルがあっておもしろいですよ。

《記録》

月日	場所	人数	参加者名	観察	課題

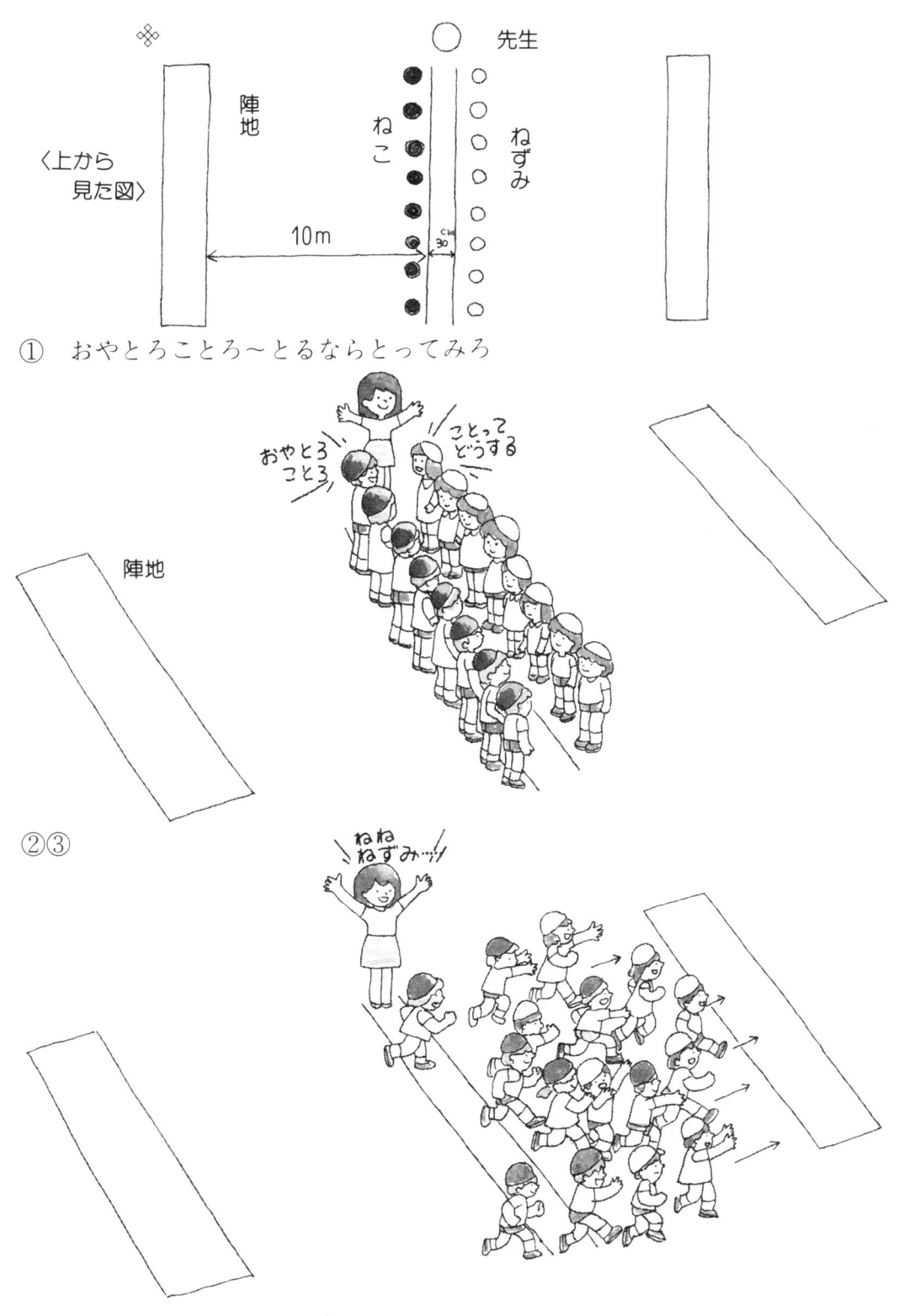

Ⅲ　どんぐりころころであ・そ・ぼ

《遊び方》

〈上から見た図〉

陣地　　ねこ　　先生　　ねずみ

10m

① おやとろことろ〜とるならとってみろ

陣地

おやとろ、ことろ／こととってどうする

②③

ねねねずみッ！

うたは生きている

　2年前に台湾に出かけ，林(リン)さんに久しぶりにお目にかかりました。林さんは親日家で，日本の昔話や童謡・唱歌・わらべうたで孫育てをしていらっしゃいます。たとえば，「桃太郎さん桃太郎さん　お腰につけた黍(きび)団子　ひとつわたしにくださいな　ありがとうありがとう　これから鬼の征伐に　ついて行くならありがとう……」と歌われるそうです。元は『やりましょう』というところを『ありがとう』と変えて，感謝いっぱいのうたにしてお孫さんに歌い継いでいらっしゃることに，大いに感動しました。

　また，尊敬する音楽家の池田輝樹先生は，「どんぐりころころ」のうたの続きを創ったよ，と披露してくださいました。「どんぐりころころ泣いてたら　仲よしこりすがやってきて　木の葉でくるんでおんぶして　急いでお山へ連れてった……」何ともほのぼのとして，心が安らぎます。

　そうそう，あるお母さんが「浴室からもれてくる，夫と子どもが『どんぐりころころ』を合唱する声が，夕食の片づけを楽しくしてくれます」と，幸せそうに語ってくださったこともありました。

　うたは，こんなふうに今に息づいているからこそ，世代や国境をこえて歌い継がれていくのですね。

Ⅳ どんぶかっかで トンネルくぐろ

みんなと　なかよく
ジャンプしたり
　　走ったり　回転したり
　　バランスを保ったり　などして
友だちの輪を　広げましょう

♩おじょうさん　1　　　　　　　　　　　ジャンケン遊び

おにげなさい

わらべうた

1. お じょうさん　お はいり　こんにちは　{ジャンケンポン / あいこでしょ}
2. お じょうさん　お はいり　こんにちは　{ジャンケンポン / あいこでしょ}
3. お じょうさん　お はいり　こんにちは　{ジャンケンポン / あいこでしょ}

かったらさっさと　おにげなさい
まけたらさっさと　おいでなさい
まけたらさっさと　まわりましょ

《遊び方》

❖　4〜10人1組で，縦に並んで，2組が向かい合う。

① おじょうさんおはいり，こんにちは……各組の先頭の2人が前に出て両足跳びをする。

② ジャンケンポン……2人がジャンケンで勝負する。

③ かったらさっさと……2人とも向かい合って両足跳びをする。

④ おにげなさい……負けた人はその場で両足跳び，勝った人は退いてチームの次の人と交代。

⑤ 早く全員がジャンケンに勝ったチームが勝ち。

《指導者へひとこと》

① 「ジャンケンポン」であいこの時は，勝負が決まるまで「あいこでしょ」とジャンケンを繰り返すようにしましょう。

Ⅳ　どんぶかっかでトンネルくぐろ

《遊び方》

① おじょうさん〜こんにちは

③ かったらさっさと

② ジャンケンポン

④ おにげなさい

♪おじょうさん 2　　　　　　　　　　　　　　　　　∞ジャンケン遊び∞

おいでなさい

《遊び方》
- ※　4～10人1組で，横に並んで，2組が向かい合う。
① おじょうさんおはいり，こんにちは……各組の先頭の2人が前に出て両足跳びをする。
② ジャンケンポン……2人がジャンケンして勝負を決める。
③ まけたらさっさと……2人ともその場で両足跳びをする。
④ おいでなさい……勝った人はその場で両足跳び，負けた人は，勝ったチームの方へ移動する。
⑤ ①～④を繰り返して，相手チーム全員を，早く自分のチームのメンバーにした方が勝ち。

《記　録》

月日	場所	人数	参加者名	観　察	課　題

Ⅳ　どんぶかっかでトンネルくぐろ

《遊び方》

① おじょうさん～こんにちは

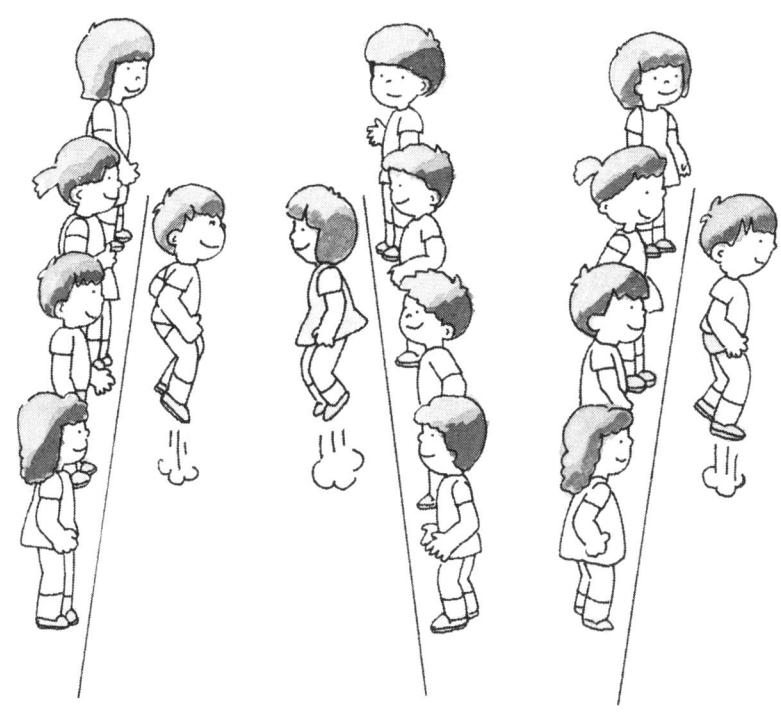

③ まけたらさっさと

② ジャンケンポン

④ おいでなさい

♪おじょうさん　3　　　　　　　　　　　　　◯◯ジャンケン遊び◯◯

まわりましょ

《遊び方　1》

❖　2人1組になって，向かい合う。何組でも参加することができる。

① おじょうさんおはいり，こんにちは……2人とも両足跳びをしてあいさつする。

② ジャンケンポン……両足跳びをしながら，手でジャンケンする。

③ まけたらさっさとまわりましょ……勝った人はその場で手拍子を打つ。負けた人は，勝った人のまわりを両足跳びで1周する。

④ リーダーの終了の合図があるまで，2人で①～③を繰り返して遊ぶ。

《遊び方　2》

① 2人が向かい合って《遊び方　1》の①～③を行う。

② 「おじょうさんおはいり，こんにちは」は最初の1回限りで、「ジャンケンポン」を繰り返し，続いて2回目もジャンケンに負けると，勝った人のまわりを両足跳びで2周する。

③ また「ジャンケンポン」をして，続けて3回目も負けると3周することになる，即ち，ジャンケンをするたびに連続負けると，勝たない限り，まわる回数が増えていく。

④ ジャンケンに連続して負けていた人が，何回目かで勝ったら，それまで増え続けていたまわる回数が帳消しになりゼロとなる。そしてまた何回目かで負けると，その時点から1周が始まる。

Ⅳ　どんぶかっかでトンネルくぐろ

《遊び方 1》
① おじょうさん～こんにちは

② ジャンケンポン

③ まけたら～まわりましょ

1周する

《遊び方 2》
① 《遊び方 1》の①～③を行う。
② ジャンケンポン

2周する

③ ジャンケンポン

3周する

75

♪ **ことしのぼたん　1**　　　　　　　　　　　〇〇ジャンケン遊び〇〇

どっちが多く勝ったかな

わらべうた

こ と し の　ぼ た ん は　よ い ぼ た ん

お み み を か ら げ て　す っ ぽ ん ぽ ん　　も ひ と つ お ま け に　す っ ぽ ん ぽ ん

《遊び方》

　❈　同人数ずつ（1組6～10人が適当）の2組が，間隔を離して向かい合う。

　❈　各組から審判役を1人ずつ出す。

① ことしの……2組が前進して近づく。
② ぼたんは……2組とも後退して離れる。
③ よいぼたん……①に同じ。
④ おみみをからげて……各自が両耳に人さし指を向けてぐるぐるまわす。
⑤ すっぽんぽん……向かい合った相手チームの人と両手合わせ3回。
⑥ もひとつおまけに……④に同じ。
⑦ すっぽんぽん……向かい合った相手とジャンケンする。
⑧ ジャンケンに負けた人とあいこの人は，その場にしゃがむ。
　審判役は，自分のチームでジャンケンに勝った人を数える。
　多く立って残ったチームが勝ち。

《指導者へひとこと》

① 5回戦で，どちらのチームがジャンケンに強いか，チーム対抗にして遊びましょう。

Ⅳ　どんぶかっかでトンネルくぐろ

《遊び方》
① ことしの／③　よいぼたん
　　　　　　　　　　審判役

⑤　すっぽんぽん

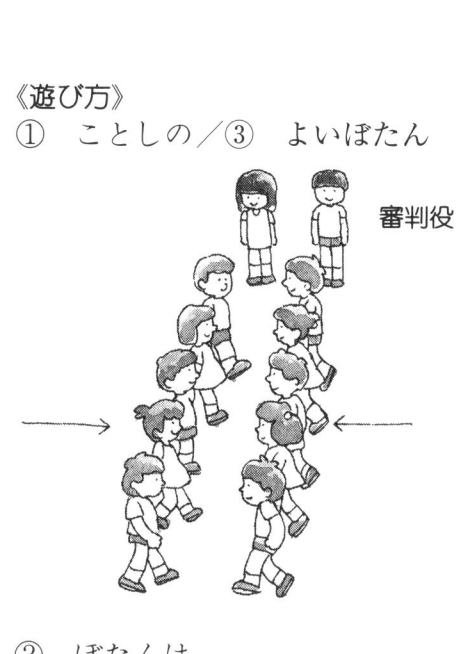

② ぼたんは

⑦　すっぽんぽん
　　ぽん

④ おみみをからげて／⑥　もひとつおまけに

⑧
2人になったバンザイ
1人だけが負ける

♪ことしのぼたん　2　　　　　　　　　　　　　　　◊◊鬼ごっこ遊び◊◊

◯◯してあげるから

《遊び方》

　❖　鬼以外のメンバーは手をつないで円陣をつくる。円外に鬼が1人立つ。
① ことしのぼたんはよいぼたん……鬼以外はぐるぐるまわって止まる。
② おみみをからげて……各自が両耳に人さし指を向けてぐるぐるまわす。
③ すっぽんぽん……各自が胸の前で，両手の平を上下にすり合わせる。
④ もひとつおまけにすっぽんぽん……②③に同じ。
⑤ 鬼と鬼以外のメンバーとで問答する。

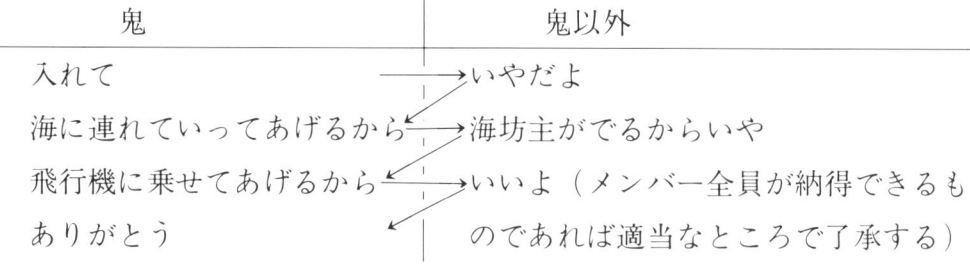

鬼	鬼以外
入れて	いやだよ
海に連れていってあげるから	海坊主がでるからいや
飛行機に乗せてあげるから	いいよ（メンバー全員が納得できるも
ありがとう	のであれば適当なところで了承する）

⑥ 鬼を仲間に入れて①〜④をもう一度行う。
⑦ 鬼と鬼以外のメンバーとで問答する。

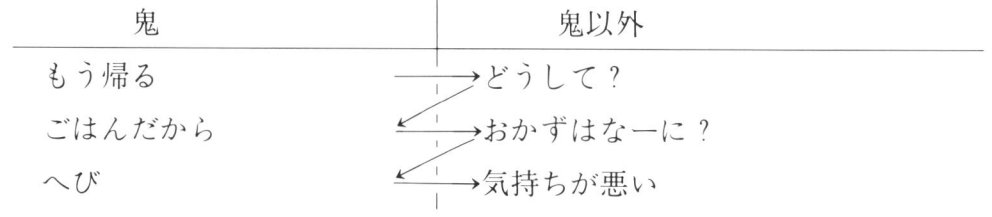

鬼	鬼以外
もう帰る	どうして？
ごはんだから	おかずはなーに？
へび	気持ちが悪い

⑧ 鬼が「さようなら」と言って仲間から離れる。鬼以外は「だれかさんの後ろにへびがいる」と言う。
⑨ 鬼が「わたし？」，鬼以外が「ちがう」と繰り返して，離れていく鬼の後を鬼以外が追う。
⑩ 適当なところで，鬼以外は「そうだよ（本当だよ）」と答えると同時に逃げる。
⑪ 鬼は逃げるメンバーのうち1人を捕えて，鬼を交替する。

Ⅳ　どんぶかっかでトンネルくぐろ

《遊び方》

① ことしのぼたんはよいぼたん

鬼

② おみみをからげて

③ すっぽんぽん

⑤ 入れて〜ありがとう

⑦ もう帰る〜気持ちが悪い

⑧ さようなら〜へびがいる

⑨ わたし？　〜ちがう

⑩ わたし？　そうだよ

⑪

♪人工衛星人工衛星　1

ジャンケンチャンピオン

わらべうた

じんこうえいせいじんこうえいせい　{ かまあと / ちけいま / よよこれ }　ジャンケン　ポン

《遊び方　1》
❖　全員が2人ずつ向かい合って両手をつなぐ。
①　人工衛星人工衛星，勝ちよ……両手を上下に振る。
②　ジャンケンポン……2人でジャンケンをする。
③　勝った人同士が，2人ずつ向かい合って，①②を繰り返す。
④　何回も繰り返して，最後まで勝ち残る人はだれか挑戦。

《指導者へひとこと》
①　「ジャンケンポン」で，2人が同じものを出して「あいこ」になったら，2人とも挑戦する資格を失います。

《遊び方　2》
①　「人工衛星人工衛星，負けよ，ジャンケンポン」と歌いながら，ジャンケンで負けのチャンピオンを決める。

《記　録》

月日	場所	人数	参加者名	観　察	課　題

Ⅳ　どんぶかっかでトンネルくぐろ

① 人工衛星人工衛星，勝ちよ

② ジャンケンポン

③ 人工衛星人工衛星〜ジャンケンポン

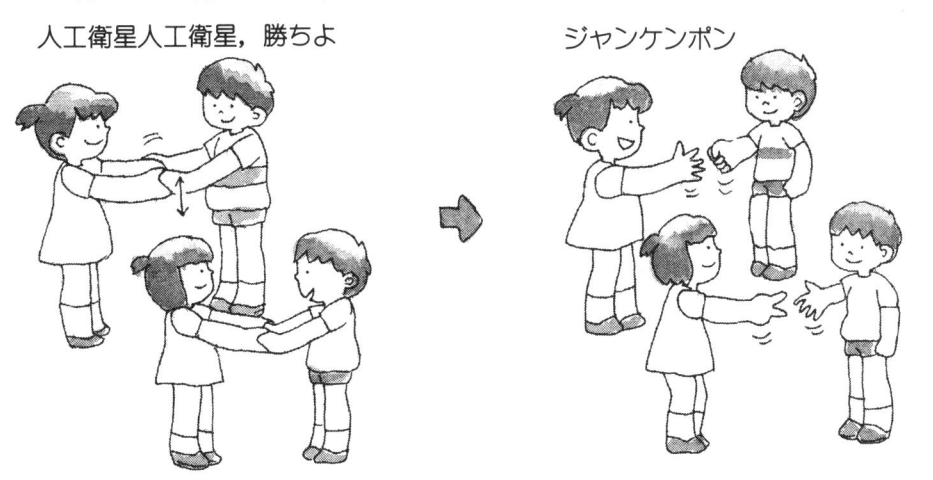

人工衛星人工衛星，勝ちよ　　　　　　　　ジャンケンポン

♬人工衛星人工衛星　2

同じでありますように

《遊び方》
　❖　参加者は2人ずつ向かい合って両手をつなぐ。
①　人工衛星人工衛星……つないだ手を上下に振る。
②　勝ちよ（負けよ，あいこ）……リーダーは「勝ちよ」または「負けよ」「あいこ」のいずれか1つを歌って，参加者に知らせる。
③　ジャンケンポン……2人でジャンケンする。リーダーが指定したジャンケンと同じものを出した人が勝ち。それ以外は失格。
④　勝ち残った人同士向かい合って挑戦し，最後まで，リーダーの指定したものと同じものを出した人がチャンピオン。

《指導者へひとこと》
①　リーダーが「あいこ」と指定した時，あいこだった2人は，2人とも次の挑戦権が得られます。

《記　録》

月日	場所	人数	参加者名	観　察	課　題

Ⅳ　どんぶかっかでトンネルくぐろ

《遊び方》

① 人工衛星人工衛星

② 勝ちよ！

③ ジャンケンポン

④

♪人工衛星人工衛星　3

手でバランスくずし

《遊び方》
　❖　5人が両手をつないで輪になる。
① 人工衛星人工衛星，とま……両手をつないで，ぐるぐるまわる。
② れ……つないでいた両手を放して，できるだけ遠くへ跳んでとまる。
③ ジャンケンポン……全員でジャンケンして，勝ち残った人は，負けた4人のうちの1人に（グーで勝ったら1歩，チョキは2歩，パーは5歩）近づく。
④ ③を繰り返して，相手に接近したら，相手と両手押しをして相手のバランスをくずすことができる。ただし，両手押し1回も1歩と数える。例えばパーで勝った場合，3歩前進，2回両手押しで合計5歩になる。
⑤ 両手押しされてもバランスをくずさなければ残ることができる。また，勝って両手押しをした人が自らバランスをくずしたら失格。
⑥ ジャンケンして，お互いに相手のバランスをくずし，最後まで残った人が勝ち。

《記　録》

月日	場所	人数	参加者名	観　察	課　題

Ⅳ　どんぶかっかでトンネルくぐろ

《遊び方》

① 人工衛星人工衛星，とま

② れ

③ ジャンケンポン

③

④ ジャンケンポン

5歩

♪人工衛星人工衛星　4

足でバランスくずし

《遊び方》
　❖　5人が手をつないで輪になる。
① 人工衛星人工衛星, とまれ……5人でぐるぐるまわり,「れ」で手を放して, 遠くへ跳んでとまる。この時, 両足の間は最低片足が入るぐらいに開いて着地すること。
② 全員でジャンケンして, 勝った人は,「グー」なら1歩,「チョキ」で2歩,「パー」で5歩, 負けた4人のうちの1人に近づく。
③ ジャンケンをして接近を繰り返す。相手に近づいたら, 相手の両足の間に片足を入れて, 相手のどちらか一方の足をひっかけて引きずるようにして, 相手のバランスをくずす。
④ どちらかバランスをくずした人が失格。残った人は, 足の位置は動かさないで, その場で残った人同士でジャンケンをして, 相手に近づきバランスくずしをする。最後に残った人が勝ち。

《指導者へひとこと》
① 相手の足に自分の足をかけるのも1歩, 1回ひきずるのも1歩, 貴重な1歩を無駄にしないように気をつけましょう。
② 相手の足をひっかけたら, 地面をひきずるようにしてバランスをくずさせましょう。ひっかけた足を上の方にけりあげないようにしましょう。
③ 攻めと防御を考えながら遊びを展開する「かけひき」が, 遊びを楽しくします。

Ⅳ　どんぶかっかでトンネルくぐろ

《遊び方》
① 人工衛星人工衛星，とまれ

最低，片足が入るぐらいに開いて，着地

② ジャンケンポン

1 2 3 4 5 歩

③ ジャンケンポン

1歩目

2歩目

87

♪人工衛星人工衛星　5　　　　　　　　　　　　　　○○鬼ごっこ遊び○○

スキンシップで合格

わらべうた

じんこうえいせいじんこうえいせいと　ま　れ　　いちにさんし　ごストップ

《遊び方》
　❖　両手をつないで輪になった5人の中央に，1人の鬼が立つ。
　①　人工衛星人工衛星，とまれ……鬼の周囲を5人がぐるぐる回転。
　②　いちにさんしご，ストップ……鬼が「12345，ストップ」と言う間に，5人は鬼からできるだけ離れてとまる。
　③　鬼は5人のうち1人を名指しして，その人まで5歩跳んで，自分のからだで相手のからだに触れれば合格。鬼を交代して遊びを続ける。触れなければもう一度鬼になる。

《記　録》

月日	場所	人数	参加者名	観　察	課　題

Ⅳ　どんぶかっかでトンネルくぐろ

① 人工衛星人工衛星，とまれ

鬼

② いちにさんしご，ストップ

ストップ!!

③ ○○ちゃん！

くっついた!!

♪どんぶかっか　1　　　　　　　　　　　　　　　　　　　　　　　触れ合い遊び

トンネルくぐり

わらべうた

どーんぶかっか　すっかっか　あーたまって　あがれ
かわらの　どじょうが　こがいを　うんで
あずき　かまめか　つづらのこ　つづらのこ

《遊び方》

❖　10人程が適当。2人をかこんで，残りの人が円型になって立つ。

① どんぶかっか～あがれ……8人は両手合わせ打ち，中の2人はスキップ（かけ足，徒歩でもよい）で自由にまわる。「あがれ」で，中の2人はだれでもよいからさわる。

② かわらの～うんで……さわられた2人は円の中央でトンネルをつくる。相手をさわった人はさわった人のいた場所に入り込み，どちらかがすばやく片手をあげて先頭になる。それ以外の人は両隣りと両手をつなぐ。

③ あずきか～つづらのこ……先頭から順番に，最後の人までトンネルをくぐり抜けて，元の円型になるまで，「つづらのこ」を繰り返し歌い続ける。

《指導者へひとこと》

① トンネルをつくる人が，同じ人に集中しないように心がけて導きましょう。

Ⅳ　どんぶかっかでトンネルくぐろ

①　どんぶかっか〜あがれ

③　あずきか〜つづらのこ

②　かわらの〜うんで

♪どんぶかっか 2　　　　　　　　　　　　　　◯◯触れ合い遊び◯◯

ジャンケンまりつき

《遊び方》

※　2人1組になって向かい合う。

① どんぶかっか〜あがれ……2人が両手をつないで左右に振る。

② かわらの〜うんで……「かわ」「どじょ」「こが」「うん」は，自分で両手合わせ打ち。「らの」「うが」「いを」でグー・チョキ・パーのいずれかを両手で出す。「で」で相手とジャンケンして勝負を決める。

③ あずきかまめか……負けたらしゃがみ，勝ったらしゃがんだ相手の頭上に手を伸ばす。あいこならば相手と両手をつなぐ。

④ つづらのこ，つづらのこ……勝った人が負けた人のまりをつく。あいこはその場をかけ足で1周する。

《指導者へひとこと》

① 1組以上何組でも楽しむことができます。

② 遊び相手を替えるのに適当なところで，「どんぶかっか……あがれ」と歌いながら歩いて，違う相手を探させて，遊びを継続するように導くと，雰囲気がかわってよいでしょう。

《記　録》

月日	場所	人数	参加者名	観　察	課　題

Ⅳ　どんぶかっかでトンネルくぐろ

《遊び方》

① どんぶかっか～あがれ

② かわらの～うんで

かわ

らの

で

③ あずきかまめか

勝負が決まったとき

あいこのとき

④ つづらのこつづらのこ

勝負が決まったとき

あいこのとき

著者紹介

●山崎治美

うた遊び・ふれあい遊び研究家。中日こども会事務局主事。各地の保育技術研修会，子育て支援講座，家庭教育講座，中高年の集いなどで指導に活躍中。愛知県立保育大学校講師などを歴任。

<おもな著書>

『山崎治美の楽しい遊びうたゲーム集』『山崎治美の楽しいわらべうたあそび集』『楽しい手品あそび62』『ボールゲーム・体力向上ゲーム117』『楽しい指あそび・手あそび160』『思いっきり笑える頭と体のゲーム＆遊び集』『手づくりカードで楽しむ学習体操BEST50』『先生も親も子どももできるびっくり手品あそび』(以上，黎明書房)，『ねえうたって　あそんでよ』『さあいっしょに　あそぼうよ』(以上，KTC中央出版)，『とんだりはねたり　リズムプレー』『みんな元気に運動あそび1，2，3』(以上，小学館)ほか。

<連絡先>
〒456-0023　名古屋市熱田区六野2-6-29-101

山崎治美の楽しいリズムゲーム集

2010年2月5日　初版発行

著　者	山　崎　治　美
発行者	武　馬　久仁裕
印　刷	株式会社　太洋社
製　本	株式会社　太洋社

発　行　所　　株式会社　黎　明　書　房

〒460-0002　名古屋市中区丸の内3-6-27　EBSビル
　　☎052-962-3045　FAX052-951-9065　振替・00880-1-59001
〒101-0051　東京連絡所・千代田区神田神保町1-32-2
　　南部ビル302号　☎03-3268-3470

落丁本・乱丁本はお取替します。　　ISBN978-4-654-05965-2

Ⓒ H. Yamazaki 2010, Printed in Japan
日本音楽著作権協会(出)許諾第0916023-901号